AF310631

# ÉLOGE

# D'ANTOINE LEMAISTRE

PAR

## J.-J. DELSOL,

Avocat à la Cour impériale de Paris,

DOCTEUR EN DROIT,

PRONONCÉ A L'OUVERTURE DE LA CONFÉRENCE DES AVOCATS.

le 5 janvier 1854.

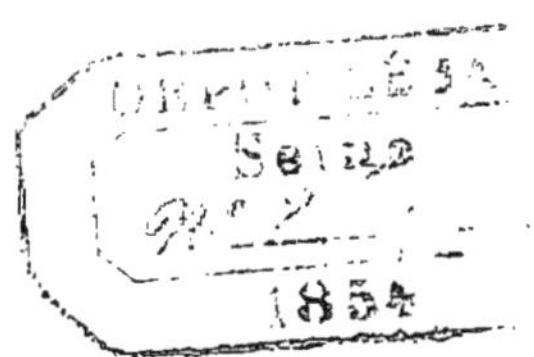

PARIS,

IMPRIMERIE DE VINCHON,

RUE JEAN-JACQUES ROUSSEAU, 8.

1854.

# ÉLOGE

# D'ANTOINE LEMAISTRE.

Messieurs et chers Confrères,

Deux traits principaux font la gloire d'Antoine Lemaistre dont j'ai à vous dire l'éloge. Il eut à la fois un grand talent et un grand caractère. Pendant la première partie de sa vie, il fut à la tête du barreau, où s'élevant au dessus de ses devanciers et de ses contemporains, il entreprit la ré-forme que Corneille allait opérer dans le théâtre et Descartes dans la philosophie. Pendant la dernière, il commença dans la solitude de Port-Royal, cette réunion d'hommes austères, de philosophes pieux, qui, en leur âme fortement trempée, surent unir le culte de la science au courage de la vertu, et après avoir paru avec éclat dans les luttes de leur siècle, succombèrent, moins sous les raisons de leurs adversaires que sous les coups du Pouvoir alarmé de leur indépendance.

Les fortes convictions sont rares dans tous les temps, et Lemaistre me paraît aussi digne d'admiration, lorsque dans la retraite il s'efforce de dompter son ardente nature, donnant à l'étude des choses saintes ou à l'éducation de quelques enfants, les restes d'une vie désormais consacrée à la piété ; que lorsque dans son début au Palais, à peine âgé de vingt-un ans, il s'égale tout d'abord aux plus grandes renommées de son époque.

Antoine LEMAISTRE naquit à Paris, le 2 mai 1608. Son père, Isaac Lemaistre, était Conseiller du Roi et Maître des Comptes. Sa mère, Catherine Arnauld, appartenait à cette famille dont le nom avait déjà tant de retentissement. Elle avait six sœurs qui toutes devinrent comme elle religieuses à Port-Royal, et trois frères, parmi lesquels le grand Arnauld, docteur de Sorbonne, l'un des chefs du Jansénisme.

La première enfance de Lemaistre se passa au milieu d'orages domestiques, que dans sa pieuse tendresse sa mère cachait à tous les yeux. Mais les désordres de son père devinrent tels, qu'ils amenèrent enfin une séparation de corps. La lutte fut vive au sujet des enfants. Le père les réclamait avec insistance, et le chancelier lui avait déjà promis son appui. Son succès paraissait assuré, lorsque Arnauld, père de M<sup>me</sup> Lemaistre et l'un des avocats les plus célèbres d'alors, prenant en main la cause de sa fille et de ses petits-enfants, vint intéresser en leur faveur le Parlement tout entier. En dix jours, il obtint sept arrêts, et à partir de ce

moment, Isaac Lemaistre fut complétement étranger à l'é-
ducation et à la fortune de sa jeune famille.

M^me Lemaistre avait puisé dans toutes ces épreuves un
grand fond de tristesse et une rare force de caractère. Pé-
nétrée de ses nouveaux devoirs, elle se considérait désormais
comme veuve, et la simplicité de ses vêtements annonçait le
deuil de son âme. Elle était uniquement occupée de l'éducation de ses cinq enfants, et donnait à des œuvres de piété
les courts loisirs que ses soins de mère lui laissaient. Sévère
envers elle-même jusqu'à l'austérité, douce et bonne envers
les autres jusqu'au dévouement, elle était pour toute sa famille un modèle de vertu. Ses enfants grandissaient à l'abri
de cette protection pieuse et éclairée. M. Arnauld les guidait
dans l'étude des langues anciennes.

L'aîné se fit bientôt remarquer par la vivacité de son
intelligence et la rapidité de ses progrès. M. Arnauld, nour-
rissant déjà de chères espérances, pressentait qu'il laisserait
au barreau un illustre héritier. Il consacra tous ses soins à
former cette intelligence précoce. Études approfondies,
conseils répétés, exemples de chaque jour, rien ne fut
épargné par son affection. Dans sa propre famille, Lemaistre
trouvait un puissant sujet d'émulation. Son bisaïeul ma-
ternel, Marion, avait laissé au Palais un nom célèbre;
Arnauld lui était égal, et il sentait qu'après de tels hommes,
être médiocre, serait déchoir.

A vingt-un ans il débuta, et tous les historiens s'accordent
à dire que jamais succès n'avait été pareil au sien. Dès sa

première plaidoirie, il fut mis au nombre des plus grands
avocats. Par bonheur, il n'était pas de ceux qui s'endorment
dans le succès, et plus il recevait d'applaudissements, plus
il cherchait à s'en rendre digne par des efforts persévérants.
Bientôt il captiva l'attention publique à un point qui nous
étonne. Quand il devait parler, il se faisait au Palais un
concours prodigieux, et les plus fameux prédicateurs de-
mandaient permission de se taire ce jour-là, soit pour as-
sister aux plaidoyers de Lemaistre, soit pour n'être pas eux-
mêmes privés d'auditeurs. La Grand'Chambre était trop
étroite pour contenir la foule avide d'entendre le jeune
avocat. Un de ses admirateurs transporté, s'écriait un
jour au sortir d'une audience : « J'avoue que la réputation
« de M. Lemaistre a monté aujourd'hui si haut, que j'ai-
« merais mieux jouir des applaudissements dont il a été
« honoré, que de toute la gloire de M. le cardinal Riche-
« lieu ; parce que, tandis que tout le monde s'accorde à les
« lui prodiguer, l'autre est souvent l'objet de la haine et
« de l'envie. »

Au milieu de ces triomphes, Lemaistre songea à se marier.
Il aimait une des plus belles et des plus honnêtes personnes
de Paris ; mais il trouva dans la mère Agnès, sa tante,
alors abbesse au monastère du Tard, une résistance singu-
lière. Rien n'est piquant comme les lettres qu'ils s'écri-
virent en cette circonstance. Lemaistre, en jeune homme
ardent et passionné, faisait l'apologie du mariage ; la mère
Agnès, en abbesse austère jusqu'à sacrifier presque les sen-

timents du cœur, lui répondait que ce serait la dernière fois qu'elle l'appellerait *son cher neveu* s'il se mariait ; puis elle revenait aux sentiments naturels par un détour, et en feignant de croire que cette belle et honnête personne n'était autre que l'Église. C'en fut assez pour détourner Lemaistre de son projet.

Il devait être plus heureux au Palais, où une flatteuse distinction lui était réservée. **M.** Séguier venait d'être nommé chancelier de France à la mort de **M.** d'Aligre , et la coutume voulait que les lettres des chanceliers fussent présentées dans toutes les cours souveraines. Cette cérémonie était accompagnée d'éloges publics ; « car, dit Lemaistre, « les rois doivent faire paraître leur sagesse dans le choix « de leurs ministres , qui sont les causes secondes de la « félicité des empires, et il est important de la justifier par « le discours, parce que l'estime que l'on conçoit de la pru- « dence du souverain est le plus grand affermissement « des monarchies. » Le barreau avait autrefois le privilége de composer ces éloges. Le nouveau chancelier, préférant Lemaistre à tous ses anciens, le chargea des trois harangues de présentation, tant au parlement qu'au grand conseil et à la cour des aides. Elles charmèrent d'autant plus, qu'étant toutes sur un même sujet, elles étaient toutes différentes.

L'auteur y déploya une souplesse d'esprit remarquable. Mais, ce qui vaut mieux, il les écrivit avec une pureté de style et une sûreté de goût encore inconnues en France.

On trouverait difficilement une meilleure prose avant les Provinciales de Pascal. La famille des Séguier comptait, depuis un siècle seulement, trois lieutenants civils, deux avocats généraux, cinq présidents et un ambassadeur. L'éloge était facile. Lemaistre ne s'en contenta point, et il glissa sous les fleurs du panégyrique les pensées les plus graves, les plus sages avis :

« **L'élévation de sa fortune**, dit-il de **M.** le chancelier,
« ne lui donne point de vanité. Il sait que sa vertu n'est
« pas plus grande qu'elle était pour être exposée à un plus
« grand jour. Et, comme l'on rehausse les digues des ri-
« vières lorsqu'on les voit grossir extraordinairement, afin
« d'empêcher qu'elles ne se débordent et ne ruinent la
« campagne ; de même **M.** le chancelier, voyant ses dignités
« croître jusques au plus haut point où elles peuvent
« monter, a fait un rempart de sa modestie, pour empêcher
« que ce torrent d'honneur et de gloire qui emporte presque
« tous les esprits ne se répande jusque sur son ame et n'en
« corrompe la pureté. » (1)

Dans le même discours, Lemaistre nous montre le barreau déjà devenu à cette époque l'arène glorieuse, où les noms les plus illustres de la magistrature venaient chercher des titres nouveaux aux grâces du souverain, et montrer, par leur talent dans la lutte, qu'ils étaient dignes des hautes fonctions auxquelles ils aspiraient. L'hommage de Le-

(1) Plaidoyer xxxi, édition de M. Issali.

maistre paraît exagéré pour le temps où il écrit; mais lui-
même ne devait pas peu contribuer à réaliser l'idéal qu'il
nous présente. Il dit, en parlant d'un des oncles de M. le
chancelier : « Ce fut, Messieurs, en ce barreau si fameux,
« qui renouvelle après tant de siècles la majesté de cette
« ancienne éloquence, autrefois la gloire d'Athènes, l'or-
« nement de Rome et l'admiration de l'univers, et qui fait
« fleurir dans une monarchie de douze cents ans, la science
« de la parole, qui ne dominait jadis que dans les seuls
« gouvernements populaires ; ce fut, dis-je, en ce barreau
« que messire Antoine Séguier voulut éclater avant que de
« rechercher l'honneur des magistratures, et parler pour
« les particuliers avant de parler pour le roi même. Il crut
« qu'il ne serait point indigne du fils d'un président de la
« Cour, de paraître avec éminence dans ce champ si glorieux
« du raisonnement et du discours, de persuader la justice
« à des juges avant que de la rendre à des parties, et de
« régner sur les esprits par la force invincible de la parole
« avant que de régner sur la vie et sur les biens par l'au-
« torité souveraine des jugements. »

Lemaistre reçut quelque temps après le brevet de conseiller d'État avec la pension. Le chancelier lui offrit même
la charge d'avocat général au parlement de Metz. Il re-
fusa. Rempli de l'amour de sa profession, il en préférait
l'indépendance à l'éclat des fonctions publiques. Au barreau
il trouvait son bonheur. Son talent et sa gloire croissaient
chaque jour, et ses plaidoyers étaient dans toutes les

bouches. Pour les bien apprécier, il faut s'attacher à une double considération :

La première, c'est que l'avocat qui plaide est loin d'avoir la liberté de l'auteur qui écrit. Celui-ci peut choisir et son sujet et sa manière : rien ne le gêne, ni dans ses pensées, ni dans son style. Par un échec il ne peut compromettre que sa propre réputation, et, en tentant une voie nouvelle, il peut aspirer à la gloire. L'avocat, au contraire, reçoit sa cause toute faite, et il doit la traiter de la manière la plus favorable au succès. Sa conscience enchaîne son esprit : le premier de ses soucis doit être pour le client, le dernier pour lui-même. Or, à l'époque où parut Lemaistre, l'éloquence du barreau était loin d'être épurée, et pour plaire à son auditoire il fallait en flatter le goût presque barbare. Le respect des auteurs de l'antiquité était porté jusqu'à la superstition, Aristote était la raison même, la légende valait un article de foi, et un plaidoyer eût été sans crédit s'il n'eût contenu autant de citations que de pensées. C'est le propre de toutes les langues non encore formées, d'être timides comme l'enfance. La pensée, trop jeune pour être sûre d'elle-même, se place sous l'égide d'un nom consacré par les siècles, et ce qui est d'abord une nécessité devient plus tard une habitude à laquelle on ne peut déroger sans péril. Un tel milieu était peu propice au développement naturel des facultés de Lemaistre. Son esprit de vingt ans, plein de feu, impressionnable à l'excès, était plutôt fait pour exagérer les défauts de son temps que pour les cor-

riger. Aussi, doit-on s'étonner, non pas comme d'Agues-
seau, « que son éloquence n'ait pas eu la hardiesse de
« marcher seule et sans ce cortége nombreux d'orateurs,
« d'historiens, de Pères de l'Église, qu'elle mène toujours
« à sa suite, » mais qu'il ait évité, si jeune encore, et au
milieu de tant d'exemples funestes, ces amplifications sans
but et sans fin, ces formules surannées, ces locutions barbares ou grossières qui abondent chez tous ses devanciers
et chez ses contemporains. On trouve, il est vrai, chez lui
des longueurs, des images hasardées, du mauvais goût
quelquefois et toujours trop de citations ; mais les défauts
eux-mêmes s'y rencontrent avec une mesure qui n'est pas
sans mérite. Il y a d'ailleurs dans ses plaidoyers des parties
saines, d'heureuses saillies et de beaux développements.

Un des plus célèbres est celui qu'il prononça pour une
Marie Cognot, désavouée par son père et sa mère légi-
times.

Rien de plus étrange que les circonstances de ce procès.
Cognot avait déjà un fils lors de la naissance de Marie
Cognot. Il l'aimait éperdûment, et l'excès de cette affection, joint à des soupçons plus ou moins fondés sur sa
récente paternité, lui firent haïr le nouvel enfant. Il ré-
solut de s'en défaire. Les larmes de sa femme furent inu-
tiles : menacée par un mari jaloux et violent, elle dut subir
le sacrifice de sa fille. Cognot plaça la malheureuse enfant
dans une hotte, la fit transporter au faubourg Saint-
Marceau, et la remit clandestinement à une femme appelée

Françoise Frémont, qui se chargea de la nourrir moyen-
nant quatre livres par mois. Il ne reparut point, et l'enfant
resta entre les mains de la dépositaire.

Toutefois, vaincue par le remords, sa mère l'alla voir
au bout d'une année, et, comme si deux cœurs de mère ne
pouvaient se rapprocher sans se comprendre, la femme
Frémont lui dit en la voyant : « Ne seriez-vous point mère
de cette enfant ? — Non », répondit-elle, mais aussitôt les
larmes lui vinrent aux yeux.

Cette situation touchante rappelle à Lemaistre ces beaux
vers :

> ......O nimium potens
> Quanto parentes sanguinis vinculo tenes,
> Natura ! quam te colimus inviti quoque!

« Merveilleuse puissance de la nature, de combattre
« avec tant de violence les résolutions de l'esprit qui la re-
« tiennent comme captive, que ne la pouvant changer,
« elle se fait jour au travers de tous les replis de l'âme, et
« fait voir en un même moment et dans une même per-
« sonne, deux actions toutes contraires ! Car, en même
« temps, Messieurs, que l'appelante répond qu'elle n'est
« pas mère de ma partie, ses larmes disent qu'elle l'est. Sa
« volonté le nie par sa langue, et son cœur l'avoue par ses
« yeux ; son cœur trahit son esprit ; sa bouche ment, mais
« son cœur ne peut mentir, etc... » (1)

---

(1) Plaidoyer VII.

Quatorze ans se passèrent, et toute trace de la filiation de Marie Cognot semblait effacée. Un jour Françoise Frémont, passant dans le faubourg Saint-Germain, rencontra Cognot et fut assez heureuse pour reconnaître l'homme qui lui avait remis l'enfant. Elle le suivit, s'informa de son nom, apprit sa découverte à Marie Cognot, et la justice, grâce à l'éloquence de Lemaistre, rétablit une filiation depuis si longtemps perdue.

Le talent de Lemaistre avait une aptitude universelle. Les causes qu'il plaida sont très diverses. Mais un trait qui frappe, c'est que, sous une érudition exubérante, et malgré une forme trop étudiée, on sent toujours cette fougue naturelle, ces vibrations du cœur qui sont le vrai signe du grand orateur. Que n'eût-il pas produit, si, restant au barreau, ce berceau de sa gloire, il avait mûri au soleil levant du xvii° siècle, un talent qui dès le premier jour, avait jeté un si vif éclat, et qui aurait suivi l'heureux mouvement d'où allaient sortir pour la France les chefs-d'œuvre de Corneille et de Pascal ?

Tout alors tendait à une vie nouvelle, et la France en quelques années produisit une foule d'hommes illustres dans tous les genres, qui, après avoir éclairé leur siècle, devaient régner sur la postérité par leurs œuvres. Pendant que Lemaistre et Patru étaient applaudis au Palais où ils opéraient la plus salutaire réforme dans le goût et dans le langage, *le Cid* faisait son apparition sur la scène française qu'il n'a cessé de dominer, et *le Discours sur la Méthode* ouvrait à l'intelligence des routes nouvelles où il la dirige encore. A côté de ces grands rénovateurs de l'esprit humain, Lemaistre eut conquis un rang élevé, si, imbu qu'il était des traditions de l'ancien barreau, il avait eu le temps d'achever sa propre transformation et de s'inspirer du souffle qui régénérait toutes choses. Ailleurs il fallait créer ; au barreau il suffisait de réformer. Personne plus que lui n'était capable d'accomplir cette œuvre si heureusement commencée. Il l'abandonna dès le début, et parmi tous les regrets qui le suivront dans sa retraite, celui-là ne sera pas le moindre.

Mais on ne doit pas seulement le juger sur ses plaidoyers écrits, qu'il surchargea encore en les publiant de nombreuses citations tirées des Pères de l'Église. Il faut, en outre, comme pour tout orateur, interroger le témoignage de ses contemporains, et apprendre par leur récit tant d'éminentes qualités qu'on ne peut connaître par soi-même. La mort et le temps ont peu de prise sur l'écrivain ; la pensée et le style font tout son mérite, et comme leur essence est inaltérable, sa gloire reste entière. Il n'en est pas de même de l'orateur. Sa voix, son geste, son regard, tout cela meurt avec lui, et ne se survivant que pour partie, il apparaît toujours aux regards curieux de la postérité comme ces statues antiques qu'a mutilées la main des Barbares. Lemaistre surtout a souffert des injures du temps. « Il avait, « nous dit Du Fossé, son élève, le ton de la voix charmant « et toutes les autres parties d'un grand orateur. » De ces rares qualités il ne survit que le souvenir, et ce qui nous reste de lui peut à peine nous faire comprendre ce que nous avons perdu.

Lemaistre, âgé de trente ans à peine, faisait l'admiration de la France. Tout à coup une circonstance fortuite vint bouleverser son cœur et arrêter le cours de ses brillantes destinées.

M^me Arnauld d'Andilly, sa tante, était dangereusement malade, et il l'allait voir très fréquemment. Près d'elle, il rencontra le fameux abbé de Saint-Cyran, Jean Duvergier de Hauranne, l'ami et l'inspirateur de Jansénius. Ce prêtre avait une autorité de caractère qui s'imposait sans effort et comme d'elle-même. Mise en contact avec lui, une âme lui résistait difficilement. Une fois soumise, elle eût porté le zèle jusqu'au martyre. Vivant toujours dans les profondeurs de la religion, il y faisait admirablement pénétrer les autres, et donnait à ses mystères un attrait irrésistible. Victime d'une erreur, qui fut bientôt justement condamnée, il concevait Dieu puissant et terrible, jamais bon ni miséricordieux. Son conseil sévère paraissait un oracle redoutable, et l'homme était, sous sa parole grave et simple, profondément ébranlé.

Représentez-vous Lemaistre entendant tous les jours les exhortations qu'un tel directeur adressait à sa tante, entrevoyant sous la modération calculée de son langage, l'effrayante majesté du jugement dernier, et dévorant avec toute l'ardeur de son imagination le spectacle solennel de cette femme placée entre sa conscience qui se troublait et la mort qui la pressait ; et vous aurez le secret d'une des plus éclatantes conversions qui aient frappé le monde. Lorsque dans les prières pour la recommandation de l'âme, M. de Saint-Cyran dit ces paroles : « *Proficiscere « anima christiana de hoc mundo in nomine Dei omnipo- « tentis qui te creavit,* » il se sentit extraordinairement atteint, et il fondit en larmes à la pensée que lui aussi comparaîtrait un jour devant son juge, et que, bientôt peut-être, ses oreilles entendraient cet ordre étonnant. Toutes ces magnifiques paroles tombaient une à une sur son cœur, et celles-ci surtout le pénétraient : « *Miserere, « domine, gemituum,* etc. ; ayez pitié, Seigneur, de ses « gémissements et de ses larmes ; et comme elle n'a de « confiance en rien que dans votre miséricorde, admettez « la à la grâce de votre réconciliation. »

La malade venait de rendre le dernier soupir : lui, ne se contenant plus, sortit dans le jardin et se promenait dans une grande allée qui côtoyait le logis. Là, il répandait son âme en présence de Dieu, avec d'autant plus de liberté que, toute la maison plongée dans les larmes, personne ne pouvait accuser l'abondance des siennes. C'est dans ce moment solennel qu'il prit la résolution de quitter le barreau (1).

Dès qu'il en fit part à M. de Saint-Cyran, celui-ci res-

---

(1) V. Lancelot, t. i.

sentit une vive joie. Toutefois, il comprit aussitôt les graves
suites de sa détermination. Que n'allaient pas dire ou faire
M. le chancelier et tant d'autres grands personnages de
l'État, qui avaient fondé sur lui de si belles espérances ?
Mais la voix de Dieu s'était fait entendre, et ni le prêtre,
ni le disciple n'étaient capables de reculer devant des consi-
dérations humaines, pas même devant un danger. Cependant M. de Saint-Cyran conseilla à Lemaistre de ne rien
précipiter et d'attendre, pour l'exécution de son dessein,
que les vacances fussent venues, comme avait fait autrefois
saint Augustin dans une pareille rencontre. Il lui repré-
senta qu'il irriterait moins le monde s'il ne le quittait pas
brusquement, et qu'il ne lui restait que peu de temps pour
acquérir sa pleine liberté.

Cédant à ce sage conseil, Lemaistre continua encore un
mois à plaider, mais rempli de ses nouvelles pensées, il
n'avait plus son ancienne ardeur.

Dans les lieux même qui ne devaient lui rappeler que ses
triomphes, il trouvait des objets pour entretenir dans son
âme inquiète des émotions naguère inconnues. Involontairement il arrêtait ses yeux sur un crucifix poudreux placé
au fond de la salle, et auquel jusqu'alors il n'avait guère
songé. Il disait qu'en le voyant, il avait plus envie de
pleurer que de parler.

M. Talon, avocat général, qui ressentait peut-être quelque jalousie du jeune avocat, remarquait avec une joie
secrète l'affaiblissement de son jeu oratoire; et un jour, au

sortir d'une audience, il dit que, pour cette fois, au lieu de plaider, Lemaistre n'avait fait que dormir. Le mot lui fut répété, et à la huitaine suivante, il parla avec plus de feu et de vigueur que jamais. « Il avait toujours M. Talon en « vue; il ne se tournait que vers lui seul, toujours le corps « bandé, toujours le bras étendu, toujours sur le bout du « pied, toujours l'œil arrêté sur lui, étant résolu, au sortir « de là, de faire à Dieu un sacrifice de ce talent si rare, et « de rendre muette à l'avenir une bouche qui était l'ad- « miration de toute la France. » (1)

Ainsi finit la carrière oratoire de Lemaistre. Son éloquence n'eut jamais plus d'éclat que le jour où elle s'éteignit, et l'on peut véritablement dire d'elle qu'elle fut ensevelie dans son triomphe.

Les vacances du Palais étaient arrivées, et Lemaistre, qui ne devait plus le revoir, ne songeait qu'à se fortifier de plus en plus dans ses résolutions, par les entretiens qu'il avait avec M. de Saint-Cyran. Il s'agissait tout d'abord de trouver un asile sûr au nouveau converti. M. de Saint-Cyran le prit quelque temps à son nouveau logis, près des Chartreux. Il l'engagea même à entrer dans cet ordre; mais des raisons de santé l'en ayant empêché, M<sup>me</sup> Lemaistre, qui bénissait tous les jours le Ciel d'avoir arraché son fils aux séductions de la terre, lui fit préparer à côté de Port-Royal de Paris où elle s'était elle-même retirée, un petit logis

---

(1) Fontaine, t. i.

extérieur attenant au monastère. On couvrit de sapin les
murs encore humides, et dans trois mois la nouvelle demeure
fut habitable. Lemaistre y entra en janvier 1638. Il fut le
premier solitaire de Port-Royal.

Cependant le Palais venait de se rouvrir, et l'on s'apprê-
tait à écouter Lemaistre. Mais on le chercha vainement de
tous côtés, il ne paraît point. Les bruits les plus contraires
circulent, et c'est alors que sur l'avis de M. de Saint-Cyran,
il écrit à M. le chancelier une lettre où l'on trouve ces belles
paroles : « Je sais bien, Monseigneur, que dans le cours
« du siècle où nous sommes, on croira me traiter avec fa-
« veur que de m'accuser seulement d'être scrupuleux; mais
« j'espère que ce qui paraîtra une folie devant les hommes ne
« le sera pas devant Dieu, et que ce sera ma consolation à
« la mort d'avoir suivi les règles les plus pures de l'Église,
« et la pratique de tant de siècles.

« Que si cette pensée me vient de ce que j'ai moins de
« lumière ou plus de timidité que les autres, j'aime mieux
« cette ignorance respectueuse et craintive qui a été em-
« brassée des plus grands hommes du christianisme, qu'une
« science plus hardie et qui me serait plus périlleuse.
« Quoi qu'il en soit, Monseigneur, je ne demande à Dieu
« autre chose que de vivre et de mourir en son service, de
« n'avoir plus de commerce ni de bouche, ni par écrit avec
« le monde qui m'a pensé perdre, et de passer ma vie
« dans la solitude comme si j'étais dans un monastère. »

A côté de cette lettre, il faut citer celle qu'il écrivit à son

père, quatre heures seulement après avoir renoncé au monde. Sa première pensée avait été pour lui, et une séparation qui durait depuis l'enfance, n'avait pas refroidi dans son cœur la piété filiale : « Monsieur mon père, lui
« dit-il, je vous déclare que je ne quitte point le Palais pour
« me mettre dans l'Église, et m'élever aux charges que la
« vertu et l'éloquence ont acquises à tant de personnes. Je
« n'entre point aussi dans un monastère, Dieu ne m'en
« ayant pas inspiré la volonté ; mais je me retire dans une
« maison particulière pour vivre sans ambition, et tâcher
« de fléchir par la pénitence le Dieu et le juge devant qui
« tous les hommes doivent comparaître.

« Si l'exemple d'un fils aîné qui quitte le monde n'ayant
« que trente ans, lorsqu'il vivait avec le plus d'éclat dans
« une profession honorable, lorsqu'il avait diverses espé-
« rances d'une fortune très avantageuse, lorsqu'il était ho-
« noré d'une affection particulière de quelques grands du
« royaume ; si, dis-je, cet exemple vous pouvait toucher,
« j'en aurais une plus grande joie que celle que vous eûtes
« quand je naquis ; mais c'est à Dieu à faire ce miracle,
« etc. »

La retraite de Lemaistre fut diversement jugée. Les uns l'attribuèrent au dépit de ne pouvoir être avocat général ; d'autres prétendirent qu'il avait dessein de se mettre à prêcher, mais que la dévotion l'avait pris en chemin. Le père Rapin, jésuite de ce temps-là, et naturellement hostile à Port-Royal, en vit la cause dans son regret de n'avoir pas épousé celle qu'il avait aimée. Mais ces jugements sont autant d'erreurs ou de calomnies. Ce n'est point par des motifs humains qu'il faut expliquer une telle résolution. La conversion de Lemaistre l'étonnait lui-même, et il disait avec une touchante naïveté, « qu'elle lui paraissait aussi « difficile que celle d'un roi qui renoncerait à son « royaume. » Et d'ailleurs, s'il eût souffert d'une ambition déçue ou d'un amour malheureux, qu'y avait-il de plus propre à dissiper sa douleur que les éloges d'un public qui l'admirait et le bruit flatteur de ses applaudissements ?

Au reste, tous ses contemporains ne furent pas injustes, ainsi que le témoigne ce quatrain de l'époque qui lui fut adressé :

> « Te dirai-je ce que je pense,
> « O grand exemple de nos jours?
> « J'admire tes nobles discours
> « Mais j'admire plus ton silence. »
>
> (GOMBERVILLE).

Lemaistre apporta dans la solitude toute l'ardeur qu'il avait déployée au barreau. Des efforts inouïs furent tentés pour le ramener au Palais. On invoqua même l'autorité du Roi, mais tout fut inutile. Pour avoir son avis sur une affaire des plus graves, un de ses clients eut recours à M. de Saint-Cyran qu'on supposait tout-puissant sur son esprit. M. de Saint-Cyran échoua comme les autres, heureux au fond de trouver dans son disciple cette sainte opiniâtreté.

Un si rare courage étonne et commande l'admiration, mais à cette admiration même vient se mêler pour nous un profond sentiment de tristesse. Le barreau ne se consolera jamais d'avoir sitôt perdu ce talent plus riche encore d'espérances que de triomphes. Lemaistre n'eût-il pas mieux compris sa destinée, si, surmontant les ennuis et les dégoûts si fréquents dans la vie, il eût toujours maîtrisé les élans de son cœur et usé au service glorieux de la justice son intelligence et ses forces? Il fût resté dans cette voie, si des émotions et des influences regrettables n'étaient venûes l'en détourner avec une puissance irrésistible et presque avec violence. Une fois dans la retraite, il n'a qu'un but : soumettre la chair à l'esprit, et l'esprit à Dieu. Dans cette œuvre il se montre héroïque. Bêcher la terre, couper les blés, faire les foins par la chaleur de midi, rien n'arrête sa pieuse ardeur. A peine a-t-il quitté ces travaux, qu'il se plonge dans l'étude, apprend l'hébreu pour mieux pénétrer le sens des Écritures, et réunit des matériaux pour son oncle, M. Arnauld. Ces rudes labeurs sont toujours précédés et suivis de prières, et on pourrait dire de lui ce qu'il disait de M. Séguier dans une de ses harangues : « Sa piété surpassait ses autres vertus. Elle était le commen- « cement et la fin de toutes ses actions, et paraissait dans « sa nouvelle vie, comme cette étoile plus brillante que les « autres qui commence et finit toutes les journées. » Presque toujours il avait un cilice, et la nuit il ne reposait que sur la paille. Il se levait à une heure et demie du matin, et s'interdisait le feu même dans les hivers les plus rigoureux. Le soir il prenait un léger repas qui, pendant le carême, était le seul de la journée. Ses vêtements étaient au dessous de la simplicité ; il portait habit de bure, gros chapeau et gros souliers. M. de Séricourt, son frère, étant venu le voir dans sa retraite, qu'il devait bientôt partager, ne le reconnut pas tout d'abord sous cet extérieur de pénitence. Lemaistre remarqua son étonnement, et d'un air gai, mais tout de feu, il lui dit en l'embrassant : « Eh ! me reconnaissez-vous bien, « mon frère ? voilà ce M. Lemaistre d'autrefois ; il est mort « au monde, et ne songe plus qu'à mourir à lui-même. J'ai « assez parlé aux hommes dans le public, je ne cherche « plus qu'à parler à Dieu. Je me suis tourmenté fort inu- « tilement à plaider la cause des autres ; je ne plaide plus « que la mienne dans le secret et le repos de ma retraite. »

Dans son extrême humilité, il n'osait compter sur ses propres forces, et il demandait aux religieuses de Port-Royal des prières pour être affermi dans ses saintes résolutions. C'est ainsi que par un échange constant de secours spiri- tuels, ces âmes pieuses, détachées de la terre, se mainte- naient dans la sphère élevée d'où leurs regards pouvaient tranquillement s'étendre vers les horizons de la vie future.

Cependant, un grand coup se préparait. Richelieu n'ai- mait pas M. de Saint-Cyran, en qui son œil pénétrant avait découvert une grande valeur personnelle à côté d'une in- dépendance qui déplaisait. Dans la bouche d'un tel homme, les doctrines jansénistes lui paraissaient redoutables. Un prétexte s'offrit, et **M**. de Saint-Cyran, enlevé de chez lui à six heures du matin, fut enfermé à Vincennes. Privé de sa lumière et de son guide, Lemaistre, qui se croyait la cause de ce malheur, en ressentit une profonde tristesse, et plus porté que jamais à fuir les hommes, il se retira à Port-Royal-des-Champs.

Mais l'orage qui avait fait disparaître M. de Saint-Cyran devait bientôt l'atteindre. Deux mois s'étaient à peine écoulés depuis sa fuite dans ce désert, que la haine venait l'y chercher. Sans être prévenu, et de très grand matin, il voit un jour entrer chez lui un homme qui s'annonce de la part du Roi. C'était le fameux maître des requêtes Laubardemont. En vertu des ordres qu'il avait reçus, il fait main basse sur les papiers de Lemaistre et se met en état de l'interroger. En présence d'un tel adversaire, Lemaistre sortit de son humilité et redevint un instant lui-même. Il répondit à toutes les questions avec une ironie capable de dérouter un maître des requêtes moins suffisant. Entre autres choses Laubardemont lui demanda s'il n'avait point eu de visions. Lemaistre répondit que oui : « que « quand il ouvrait une des fenêtres de sa chambre, qu'il « lui montra du doigt, il voyait le village de Vaumurier, « et que quand il ouvrait l'autre, il voyait celui de Saint- « Lambert ; que c'étaient là toutes ses visions. » Tout cela fut écrit mot à mot, et l'on rit beaucoup à Paris du maître des requêtes.

La persécution suivait son cours, et huit jours après Lemaistre était obligé de quitter Port-Royal.

Il se retira, avec M. de Séricourt, à la Ferté-Milon, chez de bonnes gens dont le dévouement était assuré. Ils y demeurèrent cachés pendant treize mois sans se voir et sans se parler. Ils se relevaient la nuit pour prier ensemble, et le prêtre leur administrait les sacrements avant le jour, afin qu'ils fussent moins exposés aux regards de leurs ennemis.

En 1639, ils purent retourner à Port-Royal. Leur départ fut un deuil public pour la Ferté-Milon, et toutes ces bonnes gens disaient « que depuis qu'ils s'étaient connus, « ils n'avaient rien vu de si édifiant dans ce lieu, et que « tant qu'ils vivraient, eux et leurs enfants auraient la mé- « moire de ces pieux solitaires en bénédiction. »

Bientôt après son retour, Lemaistre devint receveur de l'abbaye, et, grâce à ses soins, le temporel fut remis en meilleur état qu'auparavant. Les écrivains de Port-Royal nous ont laissé presque sans documents sur toutes les choses d'intérêt matériel ou mondain, et nous connaissons quelques détails à peine de l'administration de Lemaistre. Voici ce qu'en raconte Guyot de Pitaval dans ses *Causes célèbres :*

« M. Lemaistre, dit-il, chargé de la provision des soli- « taires de Port-Royal, étant allé acheter des moutons à « Poissy, le marchand lui fit sur le prix un procès qui fut « porté devant le bailli. Son vendeur ayant parlé le pre-

« mier, Lemaistre, qui avait pris le nom de Drancé, ra-
« conta les faits tels qu'ils s'étaient passés. Il les raconta
« d'une manière simple, naturelle, intéressante. Son ad-
« versaire l'interrompit deux ou trois fois mal à propos.
« Le bailli imposa silence au personnage. — Tais-toi, lui
« dit-il, laisse parler ce marchand. S'il fallait vider ce
« différend à coups de poing, je crois bien que tu en bat-
« trais une vingtaine comme lui, mais on ne se bat ici
« qu'avec les armes de la raison et de la justice, et c'est
« par ces armes qu'il aura tes moutons, car il te les a bien
« payés. — S'adressant ensuite au feint marchand, il lui
« dit : Je vois bien que vous n'avez pas toujours fait ce
« métier-là ; vous avez les expressions à votre comman-
« dement. Croyez-moi, laissez votre commerce, suivez le
« barreau, et j'ose vous répondre que vous y acquerrez
« autant de gloire que le célèbre Lemaistre. »

Le bon bailli ne savait pas si bien dire.

Une des plus douces occupations de Lemaistre était
l'éducation des enfants. Il regardait ce ministère comme
un sacerdoce, et tous les solitaires de Port-Royal parta-
geaient son sentiment. Aussi, de quels soins délicats, de
quelle vigilance pieuse n'entouraient-ils pas les élèves qui
leur étaient confiés ! Ni le jour ni la nuit ils ne perdaient
de vue ce précieux dépôt, plus préoccupés encore du
compte qu'ils en rendraient à Dieu, que de celui qu'ils
devaient à leurs familles. Jamais de tels maîtres n'ont été
surpassés. Tout entiers à leur œuvre, ils élevaient à la même

hauteur l'esprit et le cœur des enfants, en leur donnant à la fois une solide instruction et un perpétuel exemple de vertu. C'est de leur plume que sont sortis tant d'excellents ouvrages encore usités en partie dans les écoles, et les services qu'ils rendaient à la jeunesse de leur siècle ont profité aussi à la postérité.

Les leçons de Lemaistre étaient des plus goûtées, et aucun autre ne faisait apprécier comme lui les beautés des poètes et des orateurs. En revoyant ces auteurs autrefois tant aimés, il sentait se ranimer en lui le feu mal éteint de son éloquence, et involontairement il laissait échapper quelques-unes de ces paroles qui avaient au Palais captivé l'admiration publique. C'était alors le même élan, la même inspiration, et sous l'humble vêtement du solitaire on retrouvait le cœur qui avait battu sous la toge.

Au nombre de ses élèves était le jeune Racine, pour lequel il avait une sorte de prédilection. Il l'appelait toujours son fils ; et, dans un sentiment de reconnaissance pour son ancienne profession, il voulait en faire un avocat. Si son conseil eût prévalu, nous aurions, mes chers confrères, compté celui qui fit *Athalie* parmi nos anciens.

Plusieurs événements cruels vinrent attrister l'âme de Lemaistre. Il vit successivement mourir M. de Saint-Cyran, M. de Séricourt, son frère, et la sœur Catherine de Saint-Jean, sa mère. A chacun de ces coups, il redoublait d'ardeur pour la pénitence, et se relevait dans la religion des défaillances de la nature.

Une de ses peines les plus vives lui vint de l'impression de ses plaidoyers, dont le manuscrit avait été copié par un domestique infidèle. Vaincu dans ses efforts pour échapper au monde, il souffrait d'y voir revivre sa gloire, et le souvenir de ses triomphes passés pesait sur lui comme un remords. Cependant ses amis lui firent un devoir de donner lui-même une édition de ses plaidoyers qu'il aurait voulu anéantir. Il fut aidé par M. Issali, avocat au parlement de Paris, dans ce travail involontaire. Au surplus, la célébrité de Lemaistre n'y gagna rien, et son repos y avait beaucoup perdu.

Il entreprit, quelque temps après, d'écrire la vie des Saints, en la purgeant de tous les faux récits que la légende y avait mêlés. Il aborda ce travail avec timidité, et presque avec frayeur; car, disait-il, pour bien parler des Saints, il faut être saint soi-même, et je ne suis qu'un misérable pêcheur. La mort vint le surprendre au milieu de ses hésitations. Il en sentit les approches avec calme et presque avec joie. En elle, il voyait le commencement d'une meilleure vie, et la retraite avait changé ses anciennes terreurs en une douce espérance. Ce qui l'étonnait, c'est que sa dernière heure vînt si tard, et après avoir été si vivement désirée. Pris de la fièvre le 27 octobre 1658, il parut toujours préférer un mal qui allait le délivrer à une guérison qui l'aurait encore laissé captif. Ni une plainte ni un regret ne sortirent de sa bouche. Ennemi de toute ostentation, il ne prononça aucune de ces paroles que les mourants illustres jettent souvent à la postérité du bord de leur tombe, et la simplicité de ses derniers moments n'eut d'égal que son courage. Le 4 novembre, il eut un redoublement de fièvre ; le même jour il expira dans la sérénité d'une conscience pure et sans tache. Tous les solitaires de Port-Royal furent dans le deuil ; et comme il les dominait par la grandeur de sa pénitence, la douleur qu'ils ressentirent fut supérieure à toutes les autres.

En 1708, lorsque des mains ennemies, après avoir rasé les murs de Port-Royal, dispersèrent les cendres de ses morts, celles de Lemaistre furent transportées à Saint-Étienne-du-Mont. Il fut mis à côté de Lemaistre de Sacy, son frère, de Racine, son élève, et de Pascal, son ami. L'injure faite aux restes de pareils hommes était une basse vengeance ; mais l'histoire aime les causes persécutées, et leur mémoire a grandi sous d'impuissants outrages.

Nos cœurs surtout, mes chers confrères, doivent la vénérer, car un de ces hommes nous appartient. Lemaistre n'avait pas seulement trouvé au barreau les applaudissements et la gloire ; il y avait encore puisé cette indépendance de sentiment, cette énergie dans la lutte, cet élan vers les nobles objets qui portèrent si haut la grandeur de son âme. A ce double titre, il était redevable à son ancienne profession qu'il mettait au dessus de toutes les autres. Le barreau à son tour recevait un singulier éclat de la gloire et des vertus qu'il avait engendrées. Ces maîtres illustres, en gravant leurs noms dans la mémoire des peuples, leur apprenaient à confondre en une même vénération notre Ordre et la Justice. Grande fut la part d'Antoine Lemaistre dans cette œuvre, et aucun autre n'est plus digne que lui de notre admiration et de notre reconnaissance.

Paris.—Imprimerie VINCHON, rue J.-J. Rousseau, 8.— 65.